CONTENIDO

Prefacio — 4

1 ¿Qué es el Discipulado Cristiano? — 5
2 Ejemplos de Discipulado Cristiano — 9
3 Cada Discípulo es un Caso Distinto — 13
4 Un Discípulo Está Dispuesto a Pagar el Precio — 29
5 Directivas Para Discípulos — 42
6 Poder Para Ser Discípulos — 52
7 Los Discípulos Comparten la Buena Nueva — 59

Para un Estudio más Profundo — 69
El Autor — 71

PREFACIO

Los seguidores de Jesucristo se encuentran hoy en todo el mundo. Entre ellos están los menonitas, los cuales llevan este nombre que empezó a aplicarse por Menno Simons, un reformador holandés del siglo 16.

Hasta el siglo 19 la mayoría de los menonitas se encontraban en Europa y en la América del Norte. Durante el siglo 20, sin embargo, la obra misionera, el socorro y las actividades de servicio social han resultado en una fraternidad menonita mundial.

Uno de los mayores énfasis de los menonitas es practicar diariamente la enseñanza de Jesús. Este libro establece algunas de estas enseñanzas tal como se encuentran en el Nuevo Testamento.

Los Discípulos de Jesús es el quinto volumen de la serie *Fe Menonita* detallada en la contratapa interior. Esperamos que su lectura resulte interesante para todos los que quieran comprender la fe cristiana en general y la menonita en particular.

J. Allen Brubaker

¿QUE ES EL DISCIPULADO CRISTIANO?

SE cuenta acerca de un muchacho pastor de ovejas que una vez encontró una flor especialísima. Esta flor hizo que él descubriera la entrada de una cueva oculta que contenía una inmensa riqueza. El muchacho fue conducido por toda la cueva por un guía que continuamente le decía: "¡Toma cuanto quieras!" Pero viendo que el muchacho, en su excitación, había dejado caer la flor especial, el guía continuó aconsejándole con estas palabras, "... pero no olvides lo mejor."

Era necesario que el muchacho retuviera aquella flor hasta que sus tesoros estuvieran seguros fuera de la cueva. Pero, lamentablemente, dice el cuento, el mozo olvidó por completo la flor. Eventualmente se despertó de la siesta con las manos aferradas a unas hojas secas ...

Vemos que al muchacho le faltaba disciplina. En su alegría y excitación no escuchó al guía advirtiéndole y permitió que su mente se apartara de lo más importante: la flor especialísima. Así pasa con ciertos cristianos. Se entusiasman tanto con las cosas mundanas que pierden de vista a su Jefe y a los valores más importantes de la vida.

El Discipulado Cristiano

El discipulado cristiano significa aceptar y vivir en la vida diaria el estilo de Jesús y sus enseñanzas tal como aparecen en el Nuevo Testamento. El discipulado cristiano involucra nuestra voluntad y nuestras motivaciones. Quien es discípulo de Jesús se pregunta, "¿en qué forma puedo glorificar a Dios en mi vida?"

El discipulado cristiano no es un "tengo que hacerlo" para así eludir la ira de Dios. No un simple "lo haré" en un grosero intento de ganar el favor de Dios mediante buenas obras.

Hay siempre el peligro de confundir nuestra conducta y acción cristianas con nuestra salvación. Sin embargo, el Señor quiere más que un cierto modelo de conducta: moralidad estricta, honestidad, bondad, compartir con los necesitados y así por el estilo. Cristo quiere que sus discípulos produzcan el fruto del Espíritu. Quiere que sus discípulos se parezcan a él todo lo posible en carácter. Pero es imposible, aparte de Cristo, que nadie agrade a Dios por medio de su vida buena y honorable. Es completamente imposible ser discípulo de Cristo sin aceptar su obra salvífica de la cruz. El discipulado involucra tal tristeza por el pecado cometido que uno se arrepiente, es decir: cambia de actitud, deja resueltamente el pecado y hace una plena entrega de su persona a Cristo.

La Mente de Cristo

El discipulado cristiano significa tener la mente de Cristo. Después que nos entregamos completamente a él, nos da su Espíritu. Una vez que hemos recibido su Espíritu nos encontramos deseando hacer su voluntad y no la nuestra. Al tener su Espíritu, el discipulado se vuelve un "quiero hacerlo," más bien que un "tengo que hacerlo" o un "lo haré."

El apóstol Pablo, en Romanos 8, contrasta la mente de la carne y la mente del Espíritu. Este pasaje claramente muestra la diferencia entre preocuparse obsesivamente por las cosas materiales y mostrar sanas inquietudes por la causa de Cristo. El Espíritu de Dios trata de guiar a cada miembro para que robustezca y amplíe el cuerpo de Cristo.

Hay riesgo de que algunos piensen que la mente espiritual produzca alguna clase de piedad de cara larga y ascética, que si uno está lleno del Espíritu rara vez sonreirá, que será inflexible, rígido. Todo lo contrario. Ser inflexible, rígido y severo es ser carnal . . .

La persona llena del Espíritu ha sido libertada de las actitudes negativas. Puesto que ha sido plenamente perdonado y aceptado por gracia o favor inmerecido, ahora puede ser amable y generoso, dispuesto para amar, para perdonar y para creer lo mejor.

Una Nueva Autoridad

Hemos visto que ser discípulos de Cristo significa tener su mentalidad y vivir plenamente sus enseñanzas en la vida diaria. Significa hacerlo Señor o Dueño de toda la existencia. En otras palabras: Cristo es la nueva autoridad de nuestra vida. La vieja naturaleza del pecado y de la muerte ya no nos controla. Estamos viviendo con una naturaleza nueva gracias a Cristo y a su Espíritu. Este nuevo poder nos da el deseo de seguirlo y a diario tratamos de vivir la clase de vida que él nos mostró en los cuatro evangelios.

EJEMPLOS DE DISCIPULADO CRISTIANO

PODEMOS aprender mucho acerca del discipulado simplemente observando a los discípulos. Los evangelios y el libro bíblico de Los Hechos son constancias inspiradas por Dios que tenemos acerca de los antiguos discípulos. Mucho es lo que podemos aprender de ellos, aunque vivamos en un mundo muy distinto.

Nuestro problema es este: ¿Cómo demostramos ser discípulos? Examinemos la vida de varios discípulos de Jesús que vivieron tiempos actuales.

Albano Luayza (Argentina)
El testimonio de Albano Luayza debería, de

acuerdo a los acontecimientos corridos, comenzar en el cuarto grado de la escuela primaria. Este fué uno de los primeros puntos de contacto con el evangelio que haría más luego un impacto en su vida y en la vida de muchos otros a través de él.

Su maestro de escuela en cuarto grado fué un gran predicador y evangelista bautista. En el transcurso de los años, Albano seguirá las rutinas diarias de su trabajo como ciudadano, hasta que un día tiene una experiencia que haría cambiar la dirección de su vida.

A la edad de veinte años, como muchos de los ciudadanos de su país, Albano marchó al servicio militar. Para muchos este ha sido la encrucijada de la vida donde las decisiones más difíciles se han hecho, mientras que para otros es solo un alto en el camino. Pero para Albano Luayza fué historia y lo es para nosotros. Fué allí donde mientras estaba en el servicio militar tuvo el llamado del Señor. Dios ponía en su vida un Maestro nuevo a quien servir. Para muchos cuando reciben ese llamado necesitan tiempo y meditación. El sin vacilación en sus propias palabras contestó, "Me parece que Dios me ha llamado a usar Su espada: Su Palabra y Su Espíritu, con ella pelearé."

Desde 1908 a 1977, por 69 años, se dedicó a servir y a predicar aquel mensaje que dentro de sí mismo vivía. Albano Luayza había tenido esa experiencia que es particular a cada uno, de nosotros. En su caso por haber ocurrido en ese lugar y en esa ocasión de su vida, era una paradoja.

En uno de sus escritos, acerca de la obra de evangelización, tema suyo preferido, escribió: "Con los ojos puestos en Cristo y recordando las palabras de Caleb subamos luego y tomemos posesión de ella; porque más podremos nosotros que ellos (Números 13:30). Venceremos al mundo con su pecado si mantenemos nuestros ojos puestos en nuestro Capitán."

Para muchos Albano Luayza no fué ni será conocido. Pero por medio de su experiencia con Cristo se conoció a sí mismo y ayudó a que otros se conociesen a sí mismo y a Cristo. A su muerte alguien escribió, "El viejo caballo de guerra o el gaucho bravo, como fué llamado afectuosamente en muchas oportunidades, finalmente se ha callado, a no ser por las eternas alabanzas que su testimonio retumbará a través de las edades."

J. Gallardo (México)

Una tarde sentado debajo de un árbol él relataba su historia de como Dios había cambiado su vida.

"Mi historia," decía, "se remonta a la guerra civil de México donde tuve que pelear como ciudadano."

Un día Gallardo oyó la predicación de la Palabra de Dios y se convirtió. Una de las dificultades que él tenía era comprender como Dios podría perdonar todos esos pecados que él había cometido, y que ahora reconocía.

"No puede haber un Dios así," decía. "Me llevó mucho tiempo comprender esa realidad, pero cuando lo hice, hubo paz y tranquilidad en mi corazón." A una edad ya avanzada Gallardo podía testificar de ese encuentro que había tenido con Cristo y como podía disfrutar de esa tranquilidad de espíritu. No solo vivía esa paz sino que la compartía con otros.

Un Albañil cristiano (Uruguay)

"¡Qué carta más interesante!" pensó el pastor de la iglesia mientras abría un sobre con dirección "La iglesia Menonita Vilardeló 980, Montevideo, Uruguay." La carta decía:

Estimado pastor:
Hace unos años conocí a alguien que me hizo conocer el evangelio. El se identificó como menonita. Hoy mientras hojeaba la guía telefónica veo la dirección de una iglesia menonita en este ciudad. Me podría escribir y decirme algo más sobre los menonitas. Se lo agradeceré.

Sinceramente de usted,
R.R.

El pastor visitó a René, el interesado, en su trabajo, a quien encontró muy deseoso de saber más acerca de los menonitas. René hizo referencia al testimonio que hace muchos años había sido dado por un creyente de la iglesia menonita.

"Era un hombre ya de edad avanzada. Era albañil se dedicaba a levantar paredes. Me impresionó porque era diferente a los demás. El nombre de él no recuerdo, pero si recuerdo su honestidad, su diligencia en el trabajo, y su bondad con las personas que trabajaban bajo su dirección. El resto del tiempo durante su descanso, leía la Biblia. No solo la leía para sí, sino la compartía con aquellos que querían escuchar. Yo cambié de trabajo, pero nunca pude olvidar el testimonio de aquel albañil que hablaba y mostraba su entrega al discipulado de su Maestro."[*]

---
[*] De la colección *Foundation Series*. Usado con permiso.

3

CADA DISCIPULADO ES
UN CASO DISTINTO

HEMOS observado algo de la experiencia y el testimonio de tres diferentes discípulos: Albano Luayza, A. Gallardo, y René. En muchos aspectos no pueden haber sido más distintos. Su experiencia cristiana fue tan diferente como pudo serlo su apariencia física y su naturaleza. En otras palabras: cada uno era único. Cristo, por su Espíritu, dio experiencias completamente distintas a estos discípulos, de manera que ninguno de ellos podría juzgar o condenar al otro por no haber experimentado lo mismo. Cristo capacitó a cada uno de ellos para ser el mejor testigo posible para su Señor.

Y así sucede con usted. Su responsabilidad diaria consiste en ser un discípulo de Cristo sumiso y obediente. Y esto lo puede usted hacer abriéndole su corazón y su vida para que el Espíritu lo moldee más perfectamente conforme al modelo del Señor Jesús. Usted querrá controlar mejor su carácter, vencer cualquier capricho que pueda debilitarlo. Cada día tratará de alcanzar victorias sobre el amor propio, sobre el egoísmo, sobre la envidia, sobre la lujuria y sobre otras tentaciones que nada tienen que ver con el cristianismo.

Un carácter cristiano maduro no se desarrolla en un instante. Ninguna experiencia "celestial" del pasado, ni la proximidad de Cristo, ni una extraordinaria contestación de Dios a la oración puede responder a sus necesidades actuales. Hay que mantenerse lleno del Espíritu. Entonces se puede madurar como discípulo único. Usted no tiene por qué ser igual a otros creyentes.

Crecer en la Gracia

Los discípulos que siguen a su Señor avanzan bajo su señorío. Crecen en "gracia." Cuando enfrentan una situación crítica, los cristianos, generalmente, dan al frente pasos definitivos. En tales ocasiones se puede perder terreno espiritualmente al no reunir las condiciones para recibir la plenitud divina, o se puede uno elevar en Cristo un poco más al resultar victorioso "en el Espíritu." Así que lo que a veces se menciona como "obras de gracia" es algo realmente verdadero. La conversión es una obra de gracia. Aprender la lección de la confianza en manera vívida, es una obra de gracia. Aprender a sacarse la mente carnal y vestirse las cosas del Espíritu, es una obra de gracia (en realidad esto es una permanente obra de gracia). Crecemos, o dejamos de crecer, según sea nuestra respuesta al Espíritu.

No podemos nunca compararnos con otros (2 Corintios 10:12). En cambio cada creyente acepta que el Señor se ocupe de él mediante el Espíritu. Lutero dijo en cierta oportunidad que si Dios no nos castigara, nosotros mismos iríamos a la muerte. El Señor sabe cuáles son las tentaciones de que debe guardarnos y cuáles son aquellas que permite que nos molesten. A través de las dificultades aprendemos conscientemente a depender de él en cuanto a su poder para guardarnos. Seguidamente veremos algunos ejemplos de personas que mediante el Espíritu crecieron en gracia.

Heshbon Mwangi

Cuando Heshbon Mwangi, de Kenya, reconoció a Cristo como su Señor y Salvador, se convirtió en un nuevo hombre. Las cosas que había robado las devolvió a sus dueños. Fue a los dirigentes de la iglesia y les pidió perdón diciéndoles de dónde lo había salvado Dios. Incluso hizo preparativos para celebrar su matrimonio de acuerdo con las normas morales de la iglesia.

Aunque él y el joven Juan Kambaro, que lo había ganado para Jesús, enseñaban en escuelas que estaban separadas por varios kilómetros, se reunían después de las clases para testificar a otros maestros.

En ese momento sólo había en toda la zona dos personas que eran ardientes discípulos de

Cristo. Uno estaba a unos 20 kilómetros de distancia y otro a unos 11. Pero los cuatro se encontraban cada dos a tres días. Se trataba de verdaderos creyentes que hablaban de su fe a todos los demás. La gente se cansó de su testimonio. Su odio llegó a tal extremo que hasta pensaron en matarlos.

Un día de junio de 1942 varios jóvenes golpearon a Heshbon dejándolo inconsciente. Siguieron golpeándolo ante la vista de otros, aunque él nada sentía ya. Algunos querían matarlo, pero otros se interpusieron. Por fin pudo recuperar el conocimiento y, lentamente, se puso de rodillas. Examinó concienzudamente su actitud para con los que le habían atacado mortalmente y trató de ver si los odiaba dado que le habían hecho aquello.

Para gran sorpresa suya, no encontró nada que mostrara su odio por la cobarde acción de los otros ... Sus mandíbulas estaban tan hinchadas y duras que casi no podía articular palabra. Aun así, rogó en oración por sus enemigos: "Padre, perdónalos, verdaderamente no saben lo que hicieron." Su corazón rebosaba amor. Al ponerse de pie con gran esfuerzo, miró con intenso amor a cada uno de aquellos agresivos muchachos. Ellos le ordenaron que se fuera a su casa. Heshbon empezó a caminar muy lentamente, temblando y tambaleándose mientras avanzaba hacia su hogar.

La esposa y la madre se hicieron cargo de él cuando llegó.

Tres días después fue a la aldea donde había sido golpeado. Hizo como si nada hubiera pasado. Dijo: "Muchachos, mañana voy a revocar la casa de mi madre. ¿Van a venir a ayudarme?"

Debido al amor mostrado por Heshbon fueron y le ayudaron. Dos o tres días más tarde uno de aquellos jóvenes le dijo: "Yo fui uno de los que te derribé ... Lo siento mucho. Yo también necesito a Jesús. Por favor, golpéame fuerte para ayudarme a pagar mi deuda."

Heshbon le dijo: "No, no puedo dar a Satanás ese lugar. Como creyente que soy no puedo pelear, pero quiero que aceptes a Cristo."

Aquel joven oró pero luego no pudo persistir en el camino con Dios. Sin embargo, otro de los atacantes llegó a aceptar a Cristo y fue salvo. Este fue el principio: había llegado el tiempo para cosechar los frutos. Después de aquel ataque algunos alumnos, un maestro y varios pobladores acudieron a Cristo. La esposa de Heshbon alababa al Señor ... El hogar de ambos llegó a ser un centro al cual deseaban acudir los que trataban de seguir a Jesús.

En 1952 Heshbon era director de una gran escuela primaria. Por ese entonces centenares de habitantes *kikuyu,* de la Kenya central, se habían convertido a Cristo. Heshbon mostraba su preocupación por muchos de ellos pues recientemente habían aceptado la fe y necesitaban ser pastoreados. Decidió que, a fines de año, dedicaría todo su tiempo a esta tarea.

Estos creyentes de origen *kikuyu* enfrentaban un gran problema. Durante dos años la tribu había sido atrapada por un movimiento masivo de resistencia contra el gobierno que, además, incluía mucha violencia, odio y saqueos. Aquellos rebeldes se llamaban a sí mismos "Mau Mau," y aun gran parte de la tribu estaba viviendo escondida en la selva. Las escuelas eran ocupadas y se hacían emboscadas y ataques contra las comisarías policiales. Los tribeños que se rehusaban a colaborar con los terroristas eran asesinados o sufrían serias amenazas. El terror se había hecho dueño de todo ese territorio.

Heshbon supo que los *Mau Mau* querían convertir a su escuela en un campamento para instruir combatientes de la resistencia.

Una noche estaba leyendo en la cama cuando alguien golpeó la puerta con un enorme cuchillo. "¿Quién está ahí?," preguntó Heshbon. "Yo," respondió alguien.

"¡Bueno, pero no lo hagas más!" Se levantó rápidamente, fue a la puerta y, al abrirla, comprobó que habían huído. Un grupo de hombres permanecía en el camino cercano. Nada más sucedió aquella tarde, pero él tenía en casa el dinero para pagar sus sueldos a seis maestros.

A la mañana siguiente, llevando aquel dinero en una bolsa, fue a la escuela en bicicleta. Observó ciertos grupos a lo largo del camino que lo miraban y murmuraban algo. Ignoraba que era gente enviada por los Mau Mau para atacarlo. Cuando llegó a la escuela los maestros estaban hablando en grupos; los niños estaban formados en fila y listos para la inspección.

—Buenos días, colegas. ¿Cómo se encuentran? —preguntó él.

—Muy bien —respondieron.

Llevó el dinero a la oficina y lo guardó bajo llave. Entonces regresó para cumplir con la tarea de inspección de los alumnos. Pero, de pronto, penetraron rápidamente varios hombres que lo dominaron y comenzaron a golpearle. Tenían cuchillos y pistolas. Mientras lo golpeaban no dejaban de preguntarle "¿quién es Jesús?"

Heshbon respondió: "Jesús es el Hijo de Dios y mi Salvador."

—¿Eres uno de los nuestros?

—No, pertenezco a Jesús, soy cristiano.

Lo golpearon sin misericordia y le ordenaron:

—¡Entréganos el dinero!

—No lo tengo aquí ... —respondió Heshbon.

Le golpearon repetidamente en la cara de tal modo que su sangre corría abundantemente.

—¿No sabes que Jesús es un hombre de piel blanca?

—Lo sé ... pero también sé que Jesucristo es el Hijo de Dios ...

—Jesús es un asiático ...

—Lo que importa es que es el Hijo de Dios y mi Salvador ... Y también sería el Salvador de ustedes si lo recibieran ...

—¡Mátenlo, mátenlo! —recomendó alguien.

—Esperen un momento ... No tengo nada en contra de ustedes ... Solamente amo a Jesús.

Los otros maestros habían sido amenazados y permanecían allí viéndolo todo. Los niños lloraban y trataban de escapar. Querían mucho a su maestro y estaban seguros de que lo iban a matar.

Heshbon estaba desamparado y herido seriamente. Lo registraron en busca de dinero pero sólo encontraron su Biblia. Entonces la preguntaron qué libro era aquel.

—Es el libro de Jesús ...

Por toda respuesta le golpearon otra vez hasta sacarle los dientes.

Entonces uno de ellos propuso: "No lo matemos ... Que siga enseñando a los niños."

En forma milagrosa, comenzaron a apartarse de él, quizá en busca de dinero. Desde el suelo Heshbon pudo decirles: "Les perdono por mis heridas y por mi sangre y por mis dientes ... Les perdono todo y oraré por ustedes ..."

Uno de ellos volvió y lo pisoteó. Nuevamente el mismo hombre que antes había intervenido en favor suyo aconsejó: "Déjenlo que siga enseñando a los niños ..."

Penetraron algunos en la oficina y, apoderándose de todo el dinero, huyeron.

Luego de algún tiempo Heshbon pudo ponerse en pie. Todos los alumnos habían escapado divulgando la noticia de que su querido maestro había sido asesinado. Los hombres estaban conmovidos y desesperados. Heshbon llegó penosamente hasta el dispensario local. Pero allí era muy poco lo que se podía hacer.

Salió en dirección a su casa pero en el camino tuvo el gran alivio de ser encontrado por dos hermanos que habían acudido lo más rápidamente posible en bicicleta. Habían oído que lo habían matado y venían a recoger el cadáver para sepultarlo.

—¡Hermano, estás vivo!

—¡Tengo a Jesús!, —respondió apenas Heshbon.

El funcionario inglés del distrito vino en su auto y lo recogió. Firmó un cheque para reemplazar el dinero robado de los sueldos y llevó a Heshbon para que se reuniera con su afligida esposa que ya había recibido noticias de la muerte de su marido. Después llegó un misionero que lo llevó a un hospital para que lo sometieran al examen de rayos X. Su cráneo no estaba fracturado, de manera que fue alojado en un hogar para alimentarlo y fortalecerlo.

Dos semanas y media más tarde le preguntaron: "¿No quisiera que lo trasladásemos a otra escuela?"

—No ... Quiero regresar para contarles acerca de Jesús y para testificar a los niños de la escuela hasta fin de año.

—Pero lo matarán ...

—No tengo odio a nadie absolutamente ...

Heshbon se había dado cuenta que Dios le había concedido un extraño amor por los atacantes, aunque él no sabía dónde podrían estar ahora. Un empleado del gobierno trajo un formulario que, una vez lleno con los datos correspondientes, serviría para obtener una compensación por la dentadura perdida. Pero Heshbon lo rechazó diciendo: "No deseo ninguna indemnización: perdono plenamente a los que me han atacado. Ya olvidé todo."

Posteriormente, por la gracia de Dios, le obsequiaron una dentadura. Heshbon llegó a comentar: "Ahora puedo comer y sonreír otra vez ..." Sonríe con el gozo de Jesús; pero sus profundas cicatrices en la cara y en el cuerpo permanecerán por siempre.°

Suhadiweko Djojodihardjo
En 1950 conocimos a un hermano javanés cuyo

° De la colección *The Foundation Series*. Usado con permiso.

nombre hemos acabado de dar. Cierto que para nosotros resulta tan difícil pronunciarlo que, finalmente, se lo llama "Yo-Yo" (por Djojo). Como hemos dicho, procedía de la isla de Java, lo que solemos llamar Indonesia. Este cristiano había atravesado tiempos muy duros: ocupación alemana, ocupación musulmana, ocupación japonesa. Como consecuencia de estas serias dificultades aun el futuro de la iglesia menonita en Java era muy dudoso.

Djojo es un cristiano de cuarta generación. Su bisabuelo se convirtió bajo el ministerio de los misioneros menonitas holandeses que llegaron a Java en 1851. (Java es una de las tres mil islas indonesias esparcidas sobre una enorme zona del Océano Pacífico). El padre de Djojo, Sardjo Djojodihardjo, era maestro, pastor y hombre de mucha oración. Su hijo concurrió a las escuelas de la aldea desde los seis hasta los catorce años. Después cursó estudios superiores en el colegio y en el seminario Djakarta. Durante el tiempo que pasó en el seminario atravesó un período de muchas dudas. Era tan grande su aflicción que estuvo a punto de abandonar la poca fe que aun le quedaba y dejar por completo sus estudios. Durante esta severa crisis recurrió a Dios con gran seriedad y fue fortalecido en la fe. Esta nueva visión robusteció notablemente las convicciones de Djojo de tal modo que pudo finalizar gozosamente sus estudios. Posteriormente contrajo matrimonio con una excelente compañera, Armini, y la unión de ambos fue bendecida con seis hijas y un hijo.

Los años que siguieron a su matrimonio fueron

los más difíciles debido a la situación política y al hambre. Djojo era observado con sospecha por la policía y, probablemente, hubiera sido fusilado a no ser por la generosa intervención divina. Parte del tiempo lo pasó oculto y, frecuentemente, él y su familia estuvieron a punto de morirse de hambre. Pero Dios tenía reservada una gran tarea para Djojo y siempre los sacó de sus graves dificultades. El Padre celestial utilizó estas severas pruebas para enseñar a Djojo y a Armini cuán grande, bondadoso y fiel era. Mientras estuvo escondido Djojo leyó dos veces el Antiguo Testamento y cuatro veces el Nuevo.

Posteriormente fue designado como miembro del *presidium* del Congreso Mundial Menonita. Es un distinguido políglota: habla correctamente el holandés, el alemán, el francés y el inglés, aparte de su idioma nativo. Pero la contribución que hace tanto en su patria como en otras partes del mundo no está basada en su capacidad lingüística ni en sus dones intelectuales ni en sus percepciones teológicas. Lo que lo hace destacar es su vida de oración. La gente de muchas partes de Indonesia acude para que él le ayude a solucionar sus problemas, inclusive en casos de enfermedad. Tiene una profunda vocación para arrodillarse y orar en fervientes súplicas de intercesión. Y Dios parece haberse agradado frecuentemente de escuchar tales ruegos y obró muchas liberaciones y curaciones. Djojo cree que la iglesia todavía puede esperar milagros semejantes a los descriptos en el libro bíblico de Los Hechos, cuando los hijos de Dios confiaban en él y acudían buscando la ayuda divina.

Por ejemplo, en 1971 muchos miembros del *presidium* del Congreso Mundial Menonita concurrieron a las reuniones del Congreso Menonita del Sudeste de Asia, acontecimiento que tuvo lugar en Dhamtari, India. Un día llegó un hermano enfermo hasta el lugar donde estaba reunida la comisión. Le habló a Djojo en voz baja, y éste pidió permiso para retirarse por unos instantes. Djojo oró con aquel enfermo y, luego, lo envió a un hospital para que le hicieran una revisión general. Su proporción de azúcar en la sangre estaba entonces un poco bajo lo normal . . .

Djojo ha encabezado la iglesia menonita de Indonesia durante más de un cuarto de siglo. Los que lo conocen están impresionados por su feliz espíritu cristiano, por su ardiente amor y por su humildad. Ni siquiera ha referido todos los milagros que Dios se ha dignado obrar a través de él. Por ejemplo: en Indonesia se dice que Djojo ha sido utilizado por el Señor para resucitar a un muerto. Si uno le pregunta a Djojo sobre eso le responde que él no sabe si aquel hombre estaba muerto. Ese individuo había sido abandonado en el campo por uno o dos días, aparentemente muerto, y ya las hormigas le entraban y salían por la boca. Sin embargo, en respuesta a la oración, aquel hombre revivió . . .

Todos los cristianos saben que Dios tiene la soberanía. Dios sabe mejor que nosotros a quién curar y quién lo puede glorificar a través de la muerte. Leon C. Yoder, un miembro del Comité Central Menonita que trabajaba en Indonesia, es un ejemplo de lo último. Yoder fue atacado por la *melanoma,* una forma especialmente peligrosa del cáncer. En más de una ocasión Djojo estuvo a punto de orar rogando la curación de Yoder, pero las palabras no dijeron lo que se proponía humanamente Djojo. En vez de orar por la sanidad de Yoder, Djojo se encontró rogando que Dios pudiera ser glorificado mediante la enfermedad de aquél ... Y esta oración fue maravillosamente contestada.

El humilde espíritu de Djojo se hizo evidente para quienes asistieron a las sesiones del Congreso Mundial Menonita celebrado en Amsterdam, en 1967. La comisión de resoluciones, en la cual Djojo estaba trabajando, tenía que presentar una proposición ante el plenario de todo el Congreso. Un primer borrador reconocía la forma fructífera en que el Espíritu Santo está bendiciendo al pueblo de Dios en varias partes, "especialmente en algunas de las iglesias jóvenes." A propuesta de Djojo esa cláusula fue suprimida. "Puede dar a entender que Dios no está bendiciendo a iglesias más antiguas ...," expresó él con oportuno discernimiento.

A. H. Unruh

Observaremos una vez más a un cristiano lleno del Espíritu y así veremos cómo usa y bendice Cristo a sus discípulos. A. H. Unruh (1878-1961) nació en Crimea, al sur de Rusia. Su padre murió siendo joven, pidiéndole a su hijo que actuara como "padre" de la familia. A. H. Unruh concurrió a la escuela común, a la escuela de segunda enseñanza y a la escuela normal. Luego, en 1895, llegó a obtener el título de maestro. Se convirtió poco antes de los veinte años de edad, y fue bautizado en un arroyo a los dieciocho. En 1900 se casó con Katherine Towes, también de Crimea, Dios los bendijo con cinco hijos y tres hijas. Al comenzar empezó a enseñar en una escuela de comercio durante siete años, en la escuela de segunda enseñanza por dos años y en la escuela bíblica durante cuatro.

Maestro de la Palabra de Dios

Unruh y su familia pudieron emigrar al Canadá en 1924. Allí casi inmediatamente fue designado como director de la escuela bíblica de Winkler, Manitoba. Posteriormente llegó a ser un destacado profesor en el colegio de los Hermanos Menonitas de la ciudad de Winnipeg. En los Estados Unidos obtuvo el título de bachiller en teología y el de doctor en divinidades. Fue presidente de la iglesia de los Hermanos (1936-39). Había sido ordenado al ministerio en Rusia en 1904 y llegó a ser conocido como un eficiente maestro de la Biblia. Tenía especial capacidad como intérprete de aquélla y del cristianismo. Fue descripto como "quizá el maestro más conocido, expositor de la Biblia y orador de los círculos menonitas tanto del Canadá como de los Estados Unidos."

Anduvo con Dios

Quienes recibieron la enseñanza y la predicación de A. H. Unruh comprendieron que él era un profundo conocedor de Dios, que andaba con Dios y que estaba lleno del Espíritu. Estaba interesado en que sus alumnos de Biblia y teología aprendieran algo más que descarnadas fechas y doctrinas. Predicaba un cristianismo que capturaba toda la personalidad: corazón, alma y mente. Su ministerio era tan efectivo porque andaba íntimamente con Dios: él y su Señor "estaban en buenos términos." Para él la Biblia era la Palabra de Dios escrita. La Palabra tenía para él una autoridad que era absolutamente singular para el discípulo y para la iglesia.

En Todo el Mundo

Hemos pasado revista a las vidas de varias personas que ayudaron a edificar espiritualmente a la iglesia. En todos los países hay incontables hombres y mujeres que llevan una vida noble y separada para Dios, aunque actúen en oficios y profesiones muy diversas. Sus vidas están al servicio de la hermandad seguidora de Dios.

En el presente siglo Cristo ha estado bendiciendo a los discípulos menonitas residentes en todo el mundo, tanto con los frutos como con los dones del Espíritu. En Indonesia, Dios ha respondido afirmativamente a las oraciones concediendo sanidades estupendas, y la iglesia está creciendo rápidamente a través de la obra del Espíritu Santo. Los creyentes indonesios no piensan que eso sucede porque ellos son más santos que los miembros de otras iglesias más antiguas que funcionan en ciertas partes del mundo. Simplemente creen que los cristianos indonesios han recurrido más seriamente al poder de Dios mediante una sencilla fe en Jesús, y que el Señor, mediante su Espíritu, ha sido muy generoso. También las iglesias del Africa están recibiendo creyentes con tal celeridad que los dirigentes no dan abasto para enseñarles. Esto sucede especialmente en Tanzania y en Kenya. La iglesia en Latinoamérica ha empezado a enviar misioneros de un país a otro, tal como es el caso de la Argentina que mandó sus misioneros a Bolivia, por ejemplo.

Dones Singulares

El Nuevo Testamento deja bien en claro que el Espíritu Santo otorga capacidades especiales a los miembros del cuerpo de Cristo. Esos dones son otorgados a cada discípulo según es la divina voluntad (1 Corintios 12:11). Por lo tanto, resulta completamente injustificado que un creyente observe con celos las capacidades recibidas por otro, porque el Espíritu Santo sabe lo que éste está haciendo y por qué lo hace. Al repasar las estupendas capacidades que Dios había concedido a la iglesia de Corinto, el apóstol Pablo escribe en 1 Corintios 12:29, 30: "¿Son todos apóstoles? ¿Son todos profetas? ¿todos maestros? ¿hacen todos milagros? ¿Tienen todos dones de sanidad? ¿hablan todos lenguas? ¿interpretan todos?" De esta manera vemos que el Espíritu otorga diferentes dones bendiciendo a cada creyente con el fruto del Espíritu. En el lenguaje actual esto significa: amor, gozo, paz, paciencia, benignidad, bondad, fe, mansedumbre y templanza (Gálatas 5:22, 23).

Ya hemos visto que ser discípulo significa mucho más que llevar el nombre de cristiano. Ser un verdadero discípulo de Cristo significa seguirlo en la vida diaria. Y esto, a veces, involucra sufrimiento y aun muerte.

4

UN DISCIPULO ESTA DISPUESTO A PAGAR EL PRECIO

El discipulado tiene lugar en medio de la vida. Sea que uno vive en España, en el Japón, en la India, en Tanzania o en México. El discipulado se parece un poco a una prueba. El cristiano es probado dentro de sí mismo en una rutina de deberes de todos los días, entre sus hermanos y también al servir a otros. Estas pruebas pueden variar conforme a la personalidad de cada uno, según hemos visto. Las tentaciones o pruebas a que está sometida una determinada persona varía también conforme a su particular clase de sociedad y cultura.

Algunas de estas pruebas son similares, pero

otras no lo son. En un determinado país la prueba puede llegar en forma, de una muestra de lealtad al régimen; en otro, en nuestra actitud hacia la mayoría, hacia la religión más influyente. En tiempo de guerra la actitud hacia el matar puede ser otra prueba.

Los Discípulos Cargan con la Cruz

Jesús advirtió claramente que si alguien quería ser discípulo suyo, tenía que tomar la cruz y seguirlo (Lucas 9:23). Dietrich Bonhoeffer, un teólogo alemán del siglo veinte, resumió esta verdad diciendo que "Jesús nos invita a llegar hasta él para morir." La cruz era símbolo de una vergonzosa muerte, propia de un traidor. Esa era la "copa" que el Salvador tenía que beber. Como verdaderamente humano que era, Jesús trató de evitarla al orar en Getsemaní antes de ser arrestado. Pese a ello, podemos observar cómo el Hijo de Dios resultó victorioso. Finalizó su oración sometiéndose en forma absoluta y diciendo: "Mas no lo que yo quiero, sino lo que tú" (Marcos 14:36).

El Salvador tuvo que salir de Jerusalén el Viernes Santo llevando la misma cruz en la que iba a ser crucificado. También nosotros los creyentes— si hemos de ser verdaderos discípulos, verdaderos seguidores de Cristo—tendremos que cargar con nuestras cruces individuales. La cruz del creyente es un símbolo de nuestra disposición para soportar reproches, persecución, y hasta la muerte por ser su discípulo, por seguirle, por vivir como él enseñó.

Los Discípulos Evitan la Tibieza

Cuanto más tibio sea un seguidor de Cristo, tanto más favorablemente las personas mundanas pensarán acerca de él. Cuando viole, como hacen ellos, la ley de Dios, los mundanos opinarán bien de él. "Puede ser cristiano, pero no es fanático como algunos de ellos."

Cuanto más fiel sea un creyente, tanto peor opinarán de él los incrédulos. Pueden llegar a decir: "Se trata de un exaltado que insiste en su forma rara de vivir. No nos interesa tenerlo demasiado cerca. Nos molesta. Obra como si una persona tuviera que dejar sus pequeños placeres para ser 'salvo,' cualquier cosa que sea esto."

Los primeros discípulos hacían que los seres humanos se sintieran pecadores. Por esto estalló la persecución contra Pedro, Juan, Esteban y contra toda la primitiva iglesia de Jerusalén (Los Hechos 4 al 8). Es la razón por la cual Saulo de Tarso (Pablo) estaba tan acerbamente en contra de los discípulos del Señor: lo hacían sentir infeliz como si diera coces contra un aguijón (Los Hechos 26:16). Estas personas seguían testificando acerca de un maestro judío crucificado como si éste fuera una especie de Dios; y aun insistían en su deidad ... "Hay que terminar con tales disparates," gritaba Saulo.

El Discipulado es Costoso

No importa cuáles sean el tiempo, la cultura o la circunstancias de la historia, el discipulado resulta costoso. Los cristianos enfrentan los mismos problemas que encara toda la humanidad. Los creyentes se enferman, a veces sufren graves accidentes y con frecuencia son víctimas de la maldad. Pese a todo ello, la Biblia asegura que Dios es soberano. Dios puede refrenar la maldad. Dios es providente. Dios cuida a sus hijos, y cuando permite que las dificultades los derroten, lo hace para el crecimiento espiritual de ellos. A veces el sufrimiento promueve el progreso del reino y de la causa divinos.

Ejemplos de Sufrimiento
Job Sufre por Causa de Dios

Cientos de años antes de Cristo, un hombre llamado Job vivía en Uz, en el desierto de Siria. Se trataba de un hombre correcto, justo e íntegro según el concepto divino. Su confianza estaba depositada en Dios. No era un pecador descarado ni un hipócrita. Amaba al Señor y hacía regularmente sacrificios por sus propios pecados y por los que cometían sus hijos. Era bueno y devoto y, repetimos, confiaba mucho en Dios.

Pero observemos lo que le pasó: Un día un sirviente de Job vino corriendo y le informó que los sabeos habían arreado todos sus bueyes y sus asnas habiendo matado a todos los criados excepto a él mismo. Todavía estaba hablando cuando llegó con mucha prisa otro sirviente para decirle que un fuego de Dios (quizá un rayo) había matado a todo su rebaño de ovejas y todos los pastores salvo a él mismo. Y antes de terminar de referir esa tragedia, arribó un tercer sirviente para informarle que tres bandas de caldeos habían robado sus camellos y matado a todos los troperos excepto a él mismo. Cuando todavía estaba hablando, un cuarto mensajero llegó para informar que un terrible viento había destruido la residencia del hijo mayor de Job, dando muerte a todos los hijos y las hijas de Job. Y como si esto fuera poco, el propio Job se enfermó con una sarna maligna cuyas heridas lo cubrían de pies a cabeza.

La esposa de Job desfalleció ante tan terrible serie de golpes. Aconsejó a su marido que maldijera a Dios y que se muriese. Pero Job pudo inclinarse y ceder ante todo aquello que el Todopoderoso había permitido que le sobreviniera. Job no sabía por qué le había sucedido todo esto. Sin embargo, todavía aceptaba y creía que Dios controlaba su vida y su destino.

Los hijos de Dios generalmente desconocen por qué el mal viene sobre ellos. La tendencia humana es preguntar por qué suceden estas cosas. Lo más importante, no obstante, es continuar creyendo que hay un Dios que controla la historia, que dirige nuestras vidas.

Si la esposa de Job se hubiera atrevido a creer que Dios todavía controlaba sus vidas, que todavía era el Dios soberano, también ella hubiera apoyado la fe y la sumisión del paciente Job. Esta confianza en la bondad y en la soberanía de Dios Todopoderoso capacita al cristiano para aceptar cualquier desgracia que le sobrevenga. Por eso el seguidor de Cristo puede decir: "Dios tiene un propósito al permitir que me suceda esto ... Trataré de descubrir su voluntad a través de mi desgracia ..."

Saulo Sufre Serios Contratiempos por Cristo

Saulo vivió en el primer siglo. Su historia en el camino de Damasco es bien conocida. Jesús se dirigió a él en arameo, la lengua nativa de Saulo: "¿Por qué me persigues?" En absoluta confusión Saulo preguntó aterrorizado: "¿Quién eres Señor?" A lo cual vino esta respuesta: "Soy Jesús, a quien tú persigues." Saulo oró mucho y pronto el Señor vio que estaba listo para ser discípulo y para recibir el bautismo. De manera que instruyó a Ananías para que Saulo recibiera la vista nuevamente, que lo bautizara y lo incorporara a la iglesia y para que iniciara su camino cristiano. Este camino le traería muchas dificultades. Jesús dijo refiriéndose a Saulo: "Le mostraré cuánto le es necesario padecer por mi nombre" (Los Hechos 9:16).

Saulo (Pablo, en griego) no fue desobediente a la visión celestial (Los Hechos 26:19) sino que, por el contrario, predicó con gran energía en las sinagogas de los judíos (Los Hechos 9:20). Y ya nos podemos imaginar con qué furia éstos se habrán vuelto contra aquel que antes había perseguido a los primeros discípulos. En muy pocos días urdieron un complot para darle muerte (Los Hechos 9:23). Los días de gloria y honor mundanos ya habían terminado para Pablo.

Muchos años después el propio Pablo mencionaba brevemente algunas de las severas pruebas que el mundo le había hecho sufrir por tomar la cruz del discípulo: había tenido que soportar hambre y sed, vestir andrajos, ser tratado brutalmente, carecer de casa (1 Corintios 4:11). Y lo dice también más detalladamente: tribulaciones, necesidades, angustias, azotes, arrestos, tumultos, desvelos, ayunos, duros trabajos e interminables noches sin dormir (2 Corintios 6:4, 5). Dice que trabajó mucho más que los falsos profetas. Había sido encarcelado con más frecuencia que ellos, había sido golpeado con mayor severidad. Había estado a punto de morir una y otra vez. Cinco veces había recibido de los judíos el castigo legal de los 39 azotes. Tres veces había sido azotado con varas. Una vez había sido apedreado (y abandonado por muerto). Tres veces había sufrido naufragio. En cierta ocasión pasó un día y una noche en alta mar. "¿Quién es débil, y yo no soy débil?" (2 Corintios 11:29). Semejante sufrimiento parece ser especialmente severo cuando Cristo penetra en una nueva cultura con el evangelio. Se cree que Pablo fue finalmente decapitado a consecuencia de su nueva fe.

Desde el tiempo de Cristo muchos de sus discípulos fueron muertos a causa de su fe en él. Esto fue muy cierto durante la Reforma del siglo 16. Y quizá ningún otro grupo sufrió tanto como los anabaptistas. Estos comenzaron a vivir y a enseñar todo lo que ya habían enseñado Jesús y los apóstoles. Y a causa de su desusada forma de ser discípulos, fueron encarcelados, torturados y martirizados.

Menno Simons Lleva su Cruz

Uno de los más efectivos dirigentes y escritores de las iglesias anabaptistas del siglo 16, fue Menno Simons (1495-1561), de Friesland, región de la actual Holanda. En 1554 Menno recordaba su anterior vida fácil, previa a su conversión. Aunque había sido sacerdote ya por once años, ahora admitía que entonces aún no se había convertido. No conocía verdaderamente a Cristo.

Acerca de ese tiempo escribe: "Todos trataban de agradarme; el mundo me amaba y yo amaba al mundo. Se decía que yo predicaba la Palabra de Dios y que era un buen hombre..."

En la primavera de 1535 Menno se entregó a Cristo. Durante varios meses hizo todo lo que pudo por predicar la Biblia con mayor pureza desde su púlpito católico. Pero luego de nueve meses llegó a la conclusión de que no podía permanecer por más tiempo dentro de la iglesia romana. De manera que renunció a toda su reputación y fama mundanas, a sus anticristianas abominaciones, a sus misas, al bautismo de infantes y a su vida cómoda. Voluntariamente se sometió a la aflicción y a la pobreza bajo la pesada cruz de Cristo. El domingo 30 de enero de 1536 Menno renunció a la Iglesia Católica Romana. Entonces pasó a la clandestinidad; es decir; se escondió para que no le aplicaran la pena de muerte.

En enero de 1537 Menno fue ordenado para desempeñar la función de anciano (ahora obispo) a pedido de los anabaptistas pacíficos de los Países Bajos (los *obbenitas*). Menno no quería servir en carácter de obispo, no se consideraba digno de tal cargo y temía la persecución que probablemente tendría que aceptar. No obstante, los *abbenitas* continuaban rogándole que fuera su dirigente. La propia conciencia de Menno lo molestaba porque veía que ellos necesitaban que alguien los dirigiera. Posteriormente, Menno escribió: "Me entregué al Señor de cuerpo y alma, me confié a su gracia, y a su debido tiempo comencé, conforme a su santa Palabra, a enseñar y a bautizar, a labrar la viña del Señor con mi escaso talento, a edificar su santa ciudad y su santo templo y a reparar sus muros derruídos" *(Obras Completas).*

Este testimonio de Menno Simons refleja el corazón del verdadero discípulo, no importa cual sea su oficio o profesión. Nuestro trabajo secular es secundario (aunque tratemos de prestar un servicio lo más perfecto posible "en nombre de Cristo"). En realidad vivimos para edificar el reino de Dios. Los santos destacados, desde Policarpo hasta Wesley, han pensado en esta forma acerca del discipulado cristiano.

Menno no quería que los pastores fueran gente "profesional", no quería que buscaran ser reconocidos en la iglesia y en la comunidad como una clase especial; no quería que los predicadores tuvieran temor de trabajar con sus manos. Deseaba que fueran hermanos rodeados de otros hermanos y hermanas. Fue bastante franco como para aconsejarles que alquilaran una granja o que ordeñaran vacas o que aprendieran alguna clase de comercio *(Obras Completas).*

El clero de la iglesia del estado, por el contrario, era profesional en todos los aspectos de esta palabra. "Toleran ser saludados como señores y maestros, aunque esto se halle prohibido expresamente por boca del propio Señor. Dime, amado lector, ¿has escuchado o leído que los santos profetas y apóstoles aspiraban a tan elevados y vanos títulos como lo hacen los eruditos y los predicadores mundanos? La palabra rabí o maestro es usada con referencia a los ambiciosos escribas y fariseos pero no con respecto a los profetas ni a los apóstoles. No leemos acerca del Doctor Isaías, o el Maestro Ezequiel o el Señor Pablo o el Señor Pedro... Te escribo esto para que sepas que tan ambiciosos y orgullosos espíritus nunca podrán enseñarte correctamente la despreciada palabra de la cruz...

"Los maestros y predicadores enviados por Dios han nacido de Dios, tienen buen carácter y son motivados por el Espíritu del Señor; son enseñados en las cosas del reino de los cielos; trabajan arduamente en la vida del Señor por el puro e incontaminado amor de Dios y de sus prójimos. No buscan las dádivas de Balac ni las tablas de Jezabel. Tratan de alabar al Padre y buscan la salvación de sus almas, encomendándole a Dios sus necesidades físicas, quien, conforme a la palabra de su promesa, cuida de todas las necesidades de sus criaturas" *(Obras Completas)*.

"Aquel que me compró con la sangre de su amor y me llamó—aunque soy indigno—a su servicio, me conoce. El sabe que no busco riqueza ni propiedades ni lujo ni comodidad, sino solamente la alabanza del Señor, mi salvación y la salvación de muchas almas. A causa de esto, junto con mi pobre y débil esposa e hijos, durante dieciocho años he soportado mucha ansiedad, opresión, eflicciones, miserias y persecuciones. A riesgo de mi vida he sido obligado a arrastrarme en una existencia de temor. Sí, cuando los predicadores de la iglesia del estado descansan en cómodas camas y en blandas almohadas, nosotros, los de la iglesia libre generalmente tenemos que ocultarnos en los más apartados rincones. Cuando ellos, en banquetes de casamientos y de bautismos están divirtiéndose con gaitas, trompetas y laúdes, nosotros tenemos que estar en guardia cuando ladran los perros por temor a que algún funcionario haya llegado para arrestarnos. Cuando ellos son saludados como doctores, señores y maestros, nosotros tenemos que escuchar que somos anabaptistas, predicadores "contrabandistas" (no autorizados por el gobierno) engañadores y herejes, y nos saludan en nombre del diablo. En síntesis: ellos son gloriosamente recompensados por sus servicios con generosos ingresos y ocasiones para solazarse, mientras que nuestra recompensa y nuestra parte es el fuego, la espada y la muerte" (*Obras Completas*).

Loyal Bartel Pagó el Precio

En 1901 el pastor H. C. Bartel y su esposa, misioneros de los Hermanos Menonitas, estaban en viaje a China. Su primer hijo nació el 23 de noviembre de ese año cuando todavía estaban en alta mar. Quizá el Señor los guió para elegir ese nombre: Loyal (leal) H. Bartel. Siendo éste aun muy joven, entregó por completo su vida a Cristo. A los 19 años de edad, Loyal regresó a los Estados Unidos para estudiar en un famoso colegio bíblico y, más tarde, en un seminario. El 4 de junio de 1926 se casó con Susan Schultz y el matrimonio llegó a tener cinco hijos.

Loyal y Susan fueron a China en 1927 y allí dedicaron sus vidas a edificar el reino de Dios. El enseñó en un instituto bíblico, sirvió como evangelista y organizó diversas congregaciones cristianas.

Toda clase de dificultades acosaron la obra durante la década de 1940. En 1948 Susan y los niños regresaron. Loyal se sintió obligado por amor a Cristo a permanecer con sus hermanos y hermanas en la fe destinados a pasar a través de severas aflicciones. Sentía que tenía que estar con ellos. Y permaneció en China.

Parece no haber podido hacer una gran obra directamente. Sin embargo, fue una presencia cristiana y la hermandad sabía bien por qué él estaba allí. En 1966 escribió:

> Hace pocos días hubo rumores de lo que pudo haber sucedido. Durante más de medio día estuve perplejo y temeroso, hasta que me llegó el pensamiento de que nunca debemos dudar del amor de Dios en Cristo hacia nosotros. De manera que mi corazón, una vez más, descansó en perfecta paz reposando en el eterno amor divino. Muy frecuentemente estamos abrumados por el pensamiento de lo que podría suceder, y clamamos como Jesús: "pase de mí este vaso", pero tenemos que descansar en su voluntad que está basada en su amor.

Al año siguiente, en 1967, escribió: "A veces me siento como sin llegar a ninguna parte, pero nuevamente hay brillantes ocasiones. La incertidumbre está en todo lugar pero cuánto gozo tengo al reposar en los eternos brazos del Señor que no cambia y en quien hay magníficas sorpresas."

Hasta donde se sabe, Loyal Bartel fue el único misionero protestante que permaneció en China continental durante el largo período que va desde 1948 a 1971. La muerte parece haberle llegado por una enfermedad en el verano de 1971... No hay duda que sus padres le dieron el nombre correcto. Loyal fue un leal (que eso es lo que significa en inglés) discípulo de Cristo, un discípulo que puso su mano al arado y que no miró nunca atrás (Lucas 9:62).

Resumen

En este capítulo hemos visto que los verdaderos discípulos toman la cruz de su Señor. Evitan obedecer a medias a Cristo, en lugar de eso, se le entregan por completo. Hemos observado esta forma del discipulado radical que es costosa porque se opone a los hombres y a las mujeres impíos. Hemos examinado brevemente las vidas de varias personas para quienes el discipulado resultó muy gravoso. Es muy probable que usted pueda pensar acerca de muchos otros que obedientemente siguieron a Cristo en su vida diaria.

5

DIRECTIVAS PARA DISCIPULOS

A TRAVÉS de la enseñanza de Cristo—en verdad a través de todo el Nuevo Testamento—el tema del amor divino aparece reiteradamente. El amor en el sentido que Jesús lo indicó es mucho más que tratar de tener un cálido sentimiento de simpatía hacia otras personas. En su sentido más profundo es identificarse con los que sufren serias dificultades en manera tal que llegamos a llevar esa carga con ellos. Jesús relató lo sucedido con el viajero que cayó en mano de ladrones (Lucas 10) en el camino de Jericó. Con esa narración describió tal clase de amor. Cuando vemos que alguien necesita ayuda no tenemos que eludir el compromiso. Lo ayudaremos según nuestros medios y conforme a las circunstancias del caso.

Vivir en Amor

En el mundo actual hay muchos caminos de Jericó y muchos ladrones. Las minorías de raza están clamando justicia, exigiendo el derecho de vivir con dignidad humana. Quieren la oportunidad de dar a sus familiares comida, ropa y alojamiento decentes. Muchos presos están malgastando el tiempo en celdas solitarias, llenos de temor y sin esperanzas. Muchos de ellos no tienen ni siquiera un amigo que les extienda una mano solidaria. (En el Nuevo Testamento la referencia a los encarcelados bien puede significar que uno tiene que sufrir por la fe. Pero los presos políticos y los criminales también son personas que necesitan amor, necesitan que alguien se ocupe de ellos). No es suficiente con darles alimento, vivienda y algo de recreación. Los encarcelados también necesitan que alguien los escuche en sus tristes historias, que alguien esté muy junto a ellos mientras lloran, alguien que ore por ellos. Aun las cartas solidarias dirigidas a los presos pueden ser como brillantes rayos solares que penetran a través de lo lóbrego de sus celdas. Los verdaderos discípulos viven ese amor.

Los desastres naturales de este mundo—inundaciones, incendios, terremotos, tornados—con frecuencia llevan a sufrir hambre, a carecer de refugio y de medicinas. En tales calamidades son muchas las manos amantes y solidarias que pueden ayudar.

Los barrios miserables (cinturones, favelas,

ghettos, barriadas, contegrilles, villas miserias, etc.) son lugares de necesidad. Se necesita gente con mentalidad imaginativa, llena de simpatía y comprensión para que alivie la extrema pobreza y los terribles males que originan estas circunstancias.

Rodeado por todas estas necesidades, un cristiano verdadero no puede pensar primero y siempre en su propio bienestar. Tiene que identificarse y sentirse preocupado por los niños que sufren y por los ancianos que lloran en silencio porque nadie se acuerda de ellos.

La mayor necesidad, por supuesto, es la de la Buena Noticia del Evangelio. Toda persona necesita saber cómo puede desembarazarse de esta carga de culpa, cómo obtener el perdón de sus pecados. Tiene que saber cómo reconciliarse con Dios, cómo considerarlo como un Padre que recibe y que cuida, cómo lograr ese estado de bienestar espiritual que la Biblia llama "salvación." El problema más urgente de la humanidad es el problema del pecado. Y solamente hay una respuesta para esa necesidad: el evangelio de nuestro Señor Jesucristo.

Vivir en Santidad

En el Nuevo Testamento, ser santo es ser como Jesús. La santidad significa ceder a los impulsos del Espíritu Santo y adaptarse en la vida al carácter de Cristo tanto como esto sea humanamente posible. Las cartas del Nuevo Testamento generalmente empiezan alabando a Dios por todo lo que ha hecho en favor de sus hijos: darles a Cristo como sacrificio por el pecado, llamándolos a un reino, bendiciéndolos con toda suerte de favores espirituales, dándoles las capacidades que considera necesarias en la iglesia, y así sucesivamente. La carta a los Efesios es un excelente ejemplo. Luego de un breve saludo, el apóstol Pablo casi canta al escribir su "himno de redencion," (1:3-14). Nótese las tres estrofas en estos versículos: (1) elegidos por el Padre, (2) redimidos por el Hijo y, (3) sellados por el Espíritu. El apóstol destaca la unión en la iglesia de los judíos creyentes con los gentiles (no judíos) creyentes. Siguen tres capítulos acerca de la condición espiritual de los cristianos y, entonces, Pablo dedica la segunda mitad de su carta al "andar" cristiano. El andar cristiano es la forma especial de su comportamiento diario.

Usando la figura retórica del despojarse de ropas sucias, el apóstol pide a sus lectores que se despojen de toda la vieja y corrompida naturaleza, y que se "vistan" la nueva y divina naturaleza. Después describe con algunos detalles lo que significa una verdadera separación del pecado: veracidad (4:25), carácter controlado (4:26), estar alerta contra el pecado (4:27), estricta honestidad (4:28), lenguaje puro (4:29), vida santificada (4:30), vencer los pecados del espíritu personal (orgullo, envidia, ambiciones, celos, hostilidad) (4:31), asemejarse a Cristo espiritualmente (4:32), imitar al propio Dios en cuanto a carácter (5:1), y seguir la ley cristiana del amor (5:2).

Evitar el Pecado

La lista que da Pablo en Efesios del comportamiento pecaminoso ocupa menos de la mitad en extensión que la de las virtudes que debemos cultivar. Tenemos que eludir: los pecados del sexo y de la codicia (5:3), el lenguaje impuro (5:4), la compañía de los impíos (5:7). Antes de proseguir con su último punto negativo, destaca lo positivo una vez más: *caminar en la luz*, o sea: conducirse con bondad, justicia y verdad (5:8-10). Por último, afirma: "Expulsad las obras de las tinieblas," o en otras palabras, las obras del pecado (5:11-13).

Tener Confianza

Jesús sabía muy bien cómo los seres humanos tendemos a afligirnos. Consideró como innecesario por completo el vivir con ansiedad. Si el Padre cuida las aves, ¿no nos cuidará también a nosotros? ¿Puede el afligirse y el obsesionarse proporcionar alguna ayuda verdadera? Nuestro Padre celestial conoce todas nuestras penurias y se complace en responder a nuestras peticiones. ¿No somos capaces de creer que él satisfacerá nuestras necesidades?

A través de todo su ministerio, Jesús trató de inculcar en sus discípulos la convicción de que podían vivir sin ansiedad. Ellos fueron los que se afligieron por cómo dar de comer a los cuatro mil (Marcos 8) y a los cinco mil (Marcos 6). Pero Jesús no se afligió. Por el contrario, mostró a los discípulos que, como Hijo de Dios, podía proveer alimentos igual que el Padre. Cuando aquella terrible tormenta estalló sobre el lago, los discípulos desfallecían de terror, mientras Jesús estaba tan despreocupado que hasta tuvieron que despertarlo, pues dormía (Marcos 4). Después de haber calmado la tempestad, les preguntó: "¿Por qué teméis, hombres de poca fe?" (Marcos 4:40). ¡Cuánto más difícil nos resulta a los seres humanos aprender a orar siempre! ¡Es mucho más fácil desalentarse! (Lucas 18:1).

Acepte el Perdón y Otórguelo

El Nuevo Testamento advierte en forma especial a los discípulos acerca de dos peligros: (1) la inmoralidad que resulta muy evidente en el mundo pagano y la cual es tan livianamente considerada y (2) la tendencia humana a no perdonar. La gente halla muy difícil dar el perdón. También tienen grandes dificultades para aceptarlo, es decir: creer que Dios los ha perdonado. Por eso el Nuevo Testamento da abundantes seguridades a los discípulos. Pueden reclamar el perdón por todos sus pecados y fracasos mediante el perfecto sacrificio hecho por Jesús en la cruz. El murió para que nosotros pudiésemos ser perdonados. Mediante nuestra fe en su sacrificio somos reconciliados con el Padre. En él "tenemos redención por su sangre, el perdón de pecados según las riquezas de su gracia" (Efesios 1:7). "Si confesamos nuestros pecados, él es fiel y justo para perdonar nuestros pecados, y limpiarnos de toda maldad" (1 Juan 1:9).

Este perdón tiene su precio, sin embargo. Tenemos que perdonar a otros con la misma clase de misericordia y compasión con que Dios se manifiesta al perdonarnos por causa de Cristo. Nuestro Señor nos advierte claramente al respecto. Nos dice que si no perdonamos a los demás sus transgresiones, tampoco nuestro Padre nos perdonará las nuestras (Mateo 6:14, 15). Esto explica la misma tierna y seria exhortación del Salvador: "Y cuando estéis orando, perdonad, si tenéis algo contra alguno, para que también vuestro Padre que está en los cielos os perdone a vosotros vuestras ofensas. Porque si vosotros no perdonáis, tampoco vuestro Padre que está en los cielos os perdonará vuestras ofensas" (Marcos 11:25, 26).

Viva Como en Una Comunidad Perdonadora

En un sentido profundo, la iglesia no es tanto una comunidad formada por las mejores personas de la zona como una comunidad de gente perdonada y perdonadora. Y cuando se perdona los pecados y se ponen bajo la sangre de Cristo, nunca más se mencionan. Los que los cometieron querrán, como Dios lo hace (Miqueas 7:19) arrojarlos a lo más profundo del mar. Nosotros, los que sabemos acerca de los pecados ajenos, haremos también lo que Dios hace. El perdona la iniquidad y pasa por alto la transgresión (Miqueas 7:18). Dios lo ha prometido como una bendición del nuevo pacto: perdonará nuestras iniquidades y no recordará más nuestro pecado (Jeremías 31:34). El Nuevo Testamento nos asegura que ya hemos experimentado esa hermosa promesa (Hebreos 8:12).

En el libro bíblico de Los Hechos, Dios nos ha dado una excelente descripción de la iglesia cristiana en sus primeras décadas. Sabemos por eso que los discípulos cultivaban el compañerismo cristiano. Estaban repletos de santo amor hacia Dios y hacia los otros. Estaban rebosantes de gozo por los pecados perdonados, de la unión espiritual íntima con el Padre a través de Jesucristo y del compañerismo recíproco. Según su debilidad humana, su tendencia hubiera sido a vivir cerca unos a otros en vez de ir al mundo para predicar el evangelio y hacer discípulos. Finalmente, la cruel persecución los esparció por todos los distritos de Judea y de Samaria (Los Hechos 8:1).

La vida de los creyentes antes de esta dispersión contituye un modelo para la iglesia de todos los tiempos. Con gran gozo los antiguos discípulos perseveraron: (1) en la doctrina de los apóstoles: el perdón y la salvación vinieron a través de la fe en el Señor crucificado y resucitado; (2) en el compañerismo cristiano: en su santa alegría y en su sentido de participar en la comunidad de la fe; (3) en el partimiento del pan: frecuentemente celebraban la Cena del Señor como una comida memorial y (4) en las oraciones: se reunían para alabar a Dios y presentarle súplicas e intercesiones.

Comparta Generosamente

El amor y el cuidado recíproco entre estos creyentes primitivos era tan grande que consideraron como muy natural aun compartir las propiedades. El griego original dice literalmente en Los Hechos 2:44: "Todos los que habían creído estaban juntos, y tenían en común todas las cosas." Y en Los Hechos 4:32: "Y la multitud de los que habían creído era de un corazón y un alma; y ninguno decía ser suyo propio nada de lo que poseía, sino que tenían todas las cosas en común." Tan grande era su amor que eran muy generosos compartiendo. Para ellos no se trataba de una nueva compañía propietaria de todo, se trataba de una nueva forma de considerar a la propiedad con que contaban: Si el hermano A tenía una necesidad; y si el hermano B disponía de medios para ayudar a satisfacer esa necesidad, gozosamente daba de su abundancia socorriendo a su hermano. Siempre será necesario—en toda sociedad y en todos los países—esta clase de generosidad cristiana.

Ser propietario de una modesta vivienda puede ser asunto de buena administración. Sin embargo, ayudar a un hermano o a una hermana que tiene una necesidad es mucho más importante que acumular riquezas para la propia "seguridad."

Vivir como una comunidad de creyentes es una experiencia gozosa de compañerismo cristiano. Por otro lado, esta comunidad tiene que encargar a alguno de los discípulos para que vaya a otras localidades e inicie nuevas congregaciones.

El tener cerca a hermanos o hermanas o hijos casados, es algo delicioso, pero esto no tiene que impedirnos escuchar el llamado del Señor de que hagamos discípulos.

Ponga su Confianza en Dios

¿Cuál es la actitud cristiana hacia los delitos por parte del estado? El cristiano acepta agradecido la relativa "seguridad" con que lo proteje la policía. Pero la "seguridad definitiva" del discípulo no reside en la organización humana, por eficaz que ésta sea, sino en Dios. El gobierno es, indudablemente, una de las buenas dádivas divinas a la humanidad, pero el seguidor de Cristo no obedece por temor al castigo sino por causa de la conciencia" (Romanos 13:5). El seguidor de Cristo no pone su principal confianza en la protección de la policía sino en la providencia divina. Pasajes tales como el Salmo 34:6, 7 siempre han resultado significativos para el pueblo de Dios:

> Este pobre clamó, y le oyó Jehová, y lo libró de todas sus angustias.
> El ángel de Jehová acampa alrededor de los que le temen,
> Y los defiende.

En resumen: hemos visto que el verdadero discípulo de Cristo modela su vida conforme a la de su Maestro. Cristo vivió en amor. Vivió una existencia santa. Evitó el pecado. Vivió confiado. Perdonó y olvidó. Trató seriamente junto con sus discípulos de establecer una comunidad de perdonados. Compartió generosamente con los necesitados y confió a Dios su cuidado y su protección. Estas son algunas de las instrucciones que necesitamos para seguir el sendero del discipulado.

6

PODER PARA SER DISCIPULOS

El discipulado cristiano no es algo que sucede por casualidad. Sin embargo, el creyente tiene recursos a donde apelar en busca de ayuda para seguir a Cristo diariamente.

Repose en la Fe

El cristiano es una persona centrada en Dios. Sabe que Dios lo ama con amor eterno. Dios sabía que iba a ser creyente ya antes de la fundación del mundo. Dios lo eligió en Cristo. Dios lo predestinó para que fuera conforme a la imagen espiritual de su Hijo (Efesios 1).

El cristiano sabe que Dios envió a su unigénito Hijo al mundo para que nos impartiera la verdad acerca del Padre, para enseñarnos a vivir, amar y confiar. Sabe que este ser divino y humano murió en la cruz del Calvario a consecuencia de los pecados que nosotros habíamos cometido. Sabe que su muerte fue un sacrificio válido por nuestros pecados. Sabe que venció al diablo y a todas sus fuerzas y nos reconcilió con Dios.

El cristiano sabe que este victorioso Cristo se levantó de entre los muertos, instruyó a sus discípulos durante cuarenta días más y ascendió a la diestra de Dios donde fue entronizado junto con el Padre. Este mismo Cristo envió al Espíritu Santo sobre sus anhelantes discípulos el día llamado de Pentecostés, cincuenta jornadas más tarde de la Pascua, el año 30 de nuestra era.

El seguidor de Cristo sabe que el Espíritu Santo transformó las vidas de los primeros discípulos. El Espíritu los cambió de hombres desalentados y quebrantados en ardientes evangelistas y heraldos de la buena noticia del evangelio. El creyente sabe que Cristo, mediante su Espíritu, puede liberar a cualquiera de la esclavitud del pecado y llevarlo a la libertad de los hijos de Dios. El Espíritu Santo aplica al alma cristiana que lo busca la redención obrada por Jesús y lo regenera haciéndolo participar de la naturaleza divina. El Espíritu Santo pone a disposición del discípulo todos los recursos divinos para liberarlo del pecado y para que venza al mundo, a la carne y al diablo. El Espíritu lo transforma en imagen espiritual de su Señor y lo conduce a la victoria definitiva en el mundo de gloria.

Sea Lleno del Espíritu

En el Nuevo Testamento, la llegada del Espíritu Santo al creyente es llamada "bautismo del Espíritu." El bautismo del Espíritu es prueba de que Dios ha adoptado un creyente como su hijo o como su hija. El bautismo del Espíritu de los discípulos judíos consta en Los Hechos capítulo 2. Los samaritanos recibieron el Espíritu bajo el ministerio de Pedro y de Juan, según aparece en Los Hechos 8. El bautismo de los gentiles (no judíos) Cornelio y sus parientes y amigos, es registrado en Los Hechos 10. Aun los discípulos de Juan tuvieron que ser bautizados con el Espíritu al volverse discípulos de Cristo (Los Hechos 19). Todos los cristianos, tienen el Espíritu, porque si alguien no lo tiene tampoco es cristiano (Romanos 8:9).

No necesitamos únicamente arrepentirnos, creer y ser bautizados con el Espíritu para ser una nueva creación en Cristo y para participar de la naturaleza divina. También necesitamos crecer, avanzar hacia la perfección o madurez para asemejarnos más al Maestro. Este desarrollo, este progreso en la santificación no puede alcanzarse por ley. No puede lograrse a través de la voluntad. No puede ser obrado mediante ceremonias y "sacramentos." No puede realizarse por la misma abnegación. El ser humano no puede alcanzar la "perfección" por su propia y exclusiva voluntad o poder. ¿Cómo puede uno, entonces, llegar a ser un fiel y eficiente discípulo? La respuesta del Nuevo Testamento es que tenemos que ser *llenos* del Espíritu Santo.

Quizá la más grande afirmación de todo el

Nuevo Testamento en lo que se refiere a reunir condiciones para ser un fiel y fructífero discípulo, se encuentra en Efesios 5:18. El apóstol dice allí que no debemos buscar el estímulo pasajero de las bebidas alcohólicas sino "ser llenos del Espíritu." La traducción a nuestro idioma no puede dar plena idea de lo que esto significa.

En primer lugar, hay una voz gramatical en el griego que no es ni activa ni pasiva; es llamada "voz media." Significa que uno dará los pasos para que suceda una cosa determinada. Por ejemplo: Ananías le dijo a Saulo: "...bautízate y lava tus pecados..." (Los Hechos 22:16). Este es un excelente ejemplo del uso de la voz media. Pablo no se iba a bautizar a sí mismo ni iba simplemente a esperar que alguien lo bautizara. Tenía que ocuparse de que alguien lo bautizara y asegurarse de que sus pecados estaban perdonados. En la misma manera, "ser lleno" significa ocuparse de "tener esa experiencia; reunir las condiciones divinas para que él pueda llenarlo a uno con el Espíritu." Y las condiciones establecidas por Dios son entrega y fe.

Continúe Siendo Llenado

La condición para obtener la victoria es seguir siendo llenado. Y esto también está involucrado en el verbo griego. Hay un tiempo gramatical en el modo imperativo que es continuativo. En este caso significa: "Sigue siendo llenado con el Espíritu." Hoy, mañana y todos los días. Mantente lleno. Sigue cediendo ante Dios. Sigue con tu fe puesta en Dios.

Lo que esto realmente signifca es que las bendiciones del cristiano, en un sentido ya han tenido lugar y, por otra parte, son un continuo proceso. La experiencia cristiana es tanto un estado como un proceso, tanto ya experimentado como todavía a suceder. El creyente no puede darse el lujo de mirar atrás constantemente a alguna "llenura" destacada o alguna bendición extraordinaria que el Señor se haya dignado concederle en tiempos pasados. El cristiano "olvida" las cosas del pasado en su santa ansiedad por cosas mayores. La experiencia cristiana es una realidad que crece. Adelante hay siempre riquezas mayores. Juan Wesley constantemente urgió a los creyentes a lograr lo que él llamaba la "perfección cristiana," es decir: El amor cristiano en su plenitud. Pero Wesley nunca veía un fin a este proceso. "Podéis crecer aún más rápidamente luego que os hayáis vuelto perfectos en amor," les prometía.

Confíe en el Espíritu

El apóstol escribió la carta a los Efesios a los cristianos de la antigua ciudad de Efeso y de otras regiones de "Asia" (hoy Turquía) que necesitaban instrucciones básicas sobre el vivir cristiano. Pablo les recuerda que habían sido ya "sellados" con el Espíritu Santo (Efesios 1:13). El Espíritu es el "anticipo" de Dios que nos señala como hijos suyos y nos garantiza la completa redención obrada por Cristo al morir por nosotros. (Véase Efesios 1:14, 4:30, Romanos 8:23). Estos discípulos que estaban en Efeso habían sido "encendidos" (recibido vida) juntamente con Cristo, para que juntamente ascendieran con él a lugares celestiales, habían sido sentados juntamente con Cristo... (Efesios 2:4-6). A través de este Espíritu con el cual habían sido bautizados mediante el Hijo tenían acceso al Padre.

Pablo oraba rogando que sus lectores de Efeso pudieran ser fortalecidos por el Espíritu. El Espíritu Santo les había dado unidad. Estaban en el cuerpo único de la iglesia, eran bendecidos como el "un" Espíritu. Pablo los urgía a no entristecer al Espíritu mediante el cual habían sido sellados (como posesión de Dios) hasta el día de la redención, el día cuando Cristo vendrá en su gloria. El Espíritu otorga tales frutos como bondad, justicia y verdad. Con la Espada del Espíritu, es decir: con la Biblia, los creyentes pueden librar la "guerra" en contra del pecado. El Espíritu es el "ayudador" del discípulo. ¡Confiemos en él!

Estudie la Palabra

Los cristianos reciben poder a través de la divina Palabra escrita (la Biblia) para vivir el discipulado. Jesús afirmó que el hombre no vivirá solamente con pan, sino por la Palabra de Dios (Mateo 4:4). El apóstol Pedro nos estimula para que deseemos sinceramente la leche espiritual de la Palabra que nos hará crecer (1 Pedro 2:2). Un estudio diario de la Biblia será para el cristiano fuente de inspiración y poder. El Espíritu Santo también puede guiarnos y ayudarnos a entender la Palabra.

Ore con Fe

La oración es quizá la fuerza más desaprovechada de la tierra. Jesús dijo a sus discípulos que la fe puede mover montañas (Mateo 21:17-22).

En el mismo pasaje afirmó que cualquier cosa que pidan los creyentes, *con fe*, la recibirán. ¡Esta es una gran promesa! ¿Por qué dudar y vivir desalentados cuando podemos orar (1 Timoteo 2:8)? La oración pone en acción el poder de Dios en nuestras vidas. La oración de los creyentes parece haber tenido gran participación cuando el apóstol Pedro fue sacado de la cárcel (Los Hechos 12:1-19). El apóstol Santiago nos dice que la oración salvará al enfermo (5:15). Jesús afirmó que siempre debemos orar y no desmayar (Lucas 18:1). Por eso que el verdadero discípulo cultiva una vida cotidiana de oración y pone en marcha el ilimitado poder de Dios para el diario vivir.

Lleve Fruto

El ejercicio muscular nos hace más fuertes. En sentido semejante, producir el fruto del Espíritu es fuente de inspiración y de fortaleza. Al vivir cada cristiano en amor, gozo, paz y los demás frutos (Gálatas 5:22) se fortalece en la fe. Menno Simons afirmó que no hay nada tan estimulante como ver el fruto del Espíritu en la vida de los discípulos de Cristo. Para él, compartir la buena noticia del evangelio era uno de los más importantes frutos del Espíritu y de la Palabra. El creyente se desarrolará en el discipulado cristiano.

7

LOS DISCIPULOS COMPARTEN LA BUENA NUEVA

DEBIDO a la naturaleza humana, los creyentes tenemos la tendencia de caer en un estilo de vida fácil, gozando satisfechos de la vida eterna, y esperando que nuestros hijos también puedan hallar el camino de la salvación. Algunos están tentados a concurrir a la iglesia cuando les resulta conveniente o, quizá, a participar de la Cena del Señor. Parece que el hecho de figurar sus nombres en los registros de miembros de la iglesia los dejara seguros. Se entregan a su tarea secular para acumular aún más "seguridad" para el día en que "no puedan trabajar..." Dan una pequeña suma de sus cuantiosos ingresos cuando se recoge la ofrenda y creen que ya han hecho su parte. Sólo raramente es oído el nombre de Cristo en sus labios porque creen que cualquiera puede averiguar acerca de la fe cristiana si lo desea.

Este no es el camino que tiene que seguir el verdadero discípulo de Cristo. El discípulo genuino quiere ejercitar su fe muy activamente y compartirla con los demás.

Comparta a Cristo con Naturalidad

Tarde o temprano el Señor abrirá la puerta para que usted comparta su fe en manera natural. Una oportunidad puede venir cuando usted está junto a su amigo, vecino, compañero de clase o de trabajo. Entonces usted puede hablarle de su propia fe. O quizá usted prefiera invitar a su casa a esa persona. Las familias ya creyentes pueden invitar a sus hogares a las familias que todavía no lo son y así conocerse mejor. Posteriormente quizá usted pueda iniciar un estudio bíblico y orar juntamente.

Los cristianos no deben ser cargosos o "pesados" con su fe. Sin embargo, su felicidad debe resultar tan visible que los no creyentes comiencen interiormente a desear lo que los cristianos ya poseen. Día llegará cuando pidan una más completa instrucción en la fe y hasta que sean bautizados y recibidos en la iglesia.

Los Cristianos Comparten su Fe

En cada localidad los pastores y otros miembros de la congregación tratan de que nuevas familias tengan estudio bíblico en sus respectivos hogares. A veces las mujeres van de casa en casa para visitar y ofrecer ayuda manual. Esta visitación puede completarse con un servicio de amor solidario, como proveer medicinas a los enfermos o leche a los recién nacidos. Pueden ofrecer folletos cristianos, especialmente de naturaleza práctica. Si un vecino sufre pérdidas a consecuencia de un incendio o tormenta, los hombres pueden ayudar a limpiar y reedificar su casa dañada. Pocos serán ganados para Cristo a menos que los cristianos muestren un amor práctico y genuino. Ni se convertirán en creyentes a menos que el evangelio sea compartido a través de una vida de servicio amante, y también en forma impresa y en testimonio verbal.

Las Congregaciones son Centros de Atracción

Es muy importante que cada congregación local cristiana sea un centro de auténtica felicidad y amor. Si el enemigo tiene éxito en que seamos peleadores, mezquinos y envidiosos, pocos incrédulos—si es que alguno—serán atraídos a Cristo. Pero cuando el amor generoso crea una fraternidad no egoísta, los de afuera lo llegarán a ver. Y si ese ministerio de amor alcanza a otros, la comunidad tarde o temprano lo ha de saber y la iglesia crecerá. Las personas y las parejas empezarán a concurrir a la iglesia, y familia tras familia, o varias a la vez, reconocerán a Cristo.

Cuando esto ocurre, la iglesia es realmente la iglesia. Esta llega a ser un elemento que Cristo usa para llevar a la salvación y a la vida espiritual a una persona tras otra. El Espíritu Santo transforma las vidas en manera tan conmovedora que la localidad o región entera se vuelve consciente de ello. Es una bendita experiencia ser un real discípulo y formar parte de tan auténticamente feliz congregación de cristianos.

Los Predicadores Comparten a Cristo

En las zonas donde los actos masivos son aconsejables, un predicador o algún orador cristiano con experiencia puede dirigir una serie de reuniones de evangelización en una carpa, en un salón o al aire libre si el tiempo lo permite. Esto puede ser un eficiente medio de atracción, especialmente si los ya cristianos llevan a otros para que escuchen el evangelio. Es importante que las iglesias locales se sientan muy involucradas en tales reuniones dando consejo, dirección y alimento espiritual a los nuevos creyentes. Esto será muy necesario cuando el predicador deje el lugar.

Nuestra Forma de Vivir Expresa a Cristo

La vida cristiana no consiste en vivir conforme a ciertas leyes, como en tiempos del Antiguo Testamento. El cristiano no está obligado a vivir de acuerdo con determinadas reglamentaciones.

Por el contrario: el Espíritu Santo hace que cada nuevo creyente participe de la naturaleza divina. El Nuevo Testamento le da directivas prácticas para que llegue a ser un cristiano maduro y para que elija y lleve a cabo su trabajo. En esta manera los no creyentes podrán ver a Cristo por la forma en que vive. Nótese que los discípulos no perjudican su salud ingiriendo bebidas alcohólicas o usando drogas dañinas ni teniendo otros hábitos nocivos. Sus amigos notarán sus vidas honestas y sobrias (sin ebriedad, sin inmoralidad, sin bailes y sin diversiones "sociales," sin membresía en sociedades secretas y sin participación en juramentos. Aunque practicarán sanos deportes y variada recreación.(x) Sin embargo los cristianos (cuyas vidas parecen tan "domesticadas" a los inconversos) están evidentemente llenas con el gozo del Señor. Cuando tales personas irradian amor y gozo cristianos en todos sus contactos, los inconversos llegan a apreciarlos y a respetarlos. Muchos de ellos están dispuestos a escuchar el "secreto" de su forma de vivir y de su auténtica felicidad.

Uno de los peores errores que un nuevo cristiano puede cometer es pensar que el cristianismo es sólo una pequeña parte de su vida. Tal tibio creyente vive como un no cristiano gran parte de su tiempo, sólo se acuerda de ir a la iglesia muy de vez en cuando y, especialmente, participa de la Santa Cena o Comunión. Espera por esos medios mantener la salvación y recibir el perdón en su vida mundana.

El verdadero discípulo cristiano, sin embargo, ve la nueva vida en Cristo tanto como una obra que impregna y también como adoración. Por ejemplo: el obrero industrial ora que él pueda ser una luz diáfana para Cristo y para el cristianismo en todos sus nuevos contactos. Hace su trabajo tan bien que cualquiera puede ver que, en realidad, lo está haciendo para su Maestro. El agricul-

---

(x) *Nota del Traductor:* La Asociación Cristiana de Jóvenes, famosa institución deportiva internacional, introdujo el *basket-ball*, el *volley-ball* y el *camping* en algunos países de América Latina.

tor cristiano prepara la tierra y siembra la semilla. Luego ora rogando que Dios bendiga ese suelo para que no sólo él y su familia tengan con qué alimentarse sino también los necesitados. Diariamente se elevan oraciones para que cada miembro de la familia sea guardado por Dios y para que otros recuerden a Cristo al verlos vivir a ellos.

El cristianismo, repetimos, no consiste en una pequeña parte de nuestra vida que es fundamentalmente algo secular. Más bien Dios, mediante Cristo, penetra profundamente y hace más santo cada aspecto de nuestra existencia. Ningún sector de la misma está desvinculado de Dios, nada es realmente secular, Dios está en todo.

Una Vida Santa Revela a Cristo

El discípulo de Cristo es llamado con una vocación santa: por Dios a través del Espíritu. Tiene que ser una persona santa porque pertenece a un Dios santo. Está lleno del Espíritu Santo quien, a su vez, se preocupa por hacer a cada discípulo semejante a Cristo. Pertenece a un cuerpo santo, el cuerpo (o iglesia) de Cristo, la iglesia del Dios viviente. Ingresa en la plena membresía de esta santa iglesia a través del santo bautismo en el cual promete vivir una vida de santo discipulado. Tiene un Libro santo, la Biblia, la Sagrada Escritura. Observa un día santo, el domingo o día del Señor, en memoria de la resurrección de aquel que estableció la iglesia. Su propio cuerpo de carne y sangre es mantenido en santidad por ser el "templo del Espíritu Santo." Cuando una pareja se casa, hace santos votos o promesas para vivir en santa felicidad recíproca hasta que la muerte los separe. Ambos confirman estos votos en su vida cotidiana de amor y de total servicio el uno al otro.

Necesitamos en toda nuestra vida estar conscientes de lo santo (dedicado a Dios) no sólo cuando adoramos y oramos, sino siempre. Cuando permitimos que el sentido de lo Santo se retire de nuestra vida, nos debilitamos y enfermamos espiritualmente.

Obstáculos para Nuestro Testimonio

No hay duda que los mayores peligros para los discípulos son la frialdad y la negligencia espirituales. El Nuevo Testamento nos advierte reiteradamente que tenemos que estar alerta y ser cuidadosos. La carne (la naturaleza humana con sus impulsos hacia lo inferior) tiende a descuidar la oración, la lectura bíblica, los momentos de meditación solitaria y la compañía de otros cristianos. Las tentaciones se vuelven muy poderosas para quien no sea cuidadoso haciendo que su experiencia cristiana sea viva y creciente.

El primer peligro parece ser la tibieza. Cuando una persona se vuelve espiritualmente tibia, primeramente pierde la vida espiritual interior y su forma exterior de vivir deja de ser evidente. Después se vuelve presa fácil del orgullo espiritual. En vez de permanecer humilde y profundamente consciente de su necesidad constante de la gracia de Dios, empieza a considerarse mejor que otros. Después de todo, no se va de parranda, no se emborracha y no tiene relaciones inmorales. Tal orgullo espiritual es señal de un corazón frío. Este era el mayor pecado de los fariseos, y por ello Jesucristo los reprendió tan severamente. De manera que estamos en guardia contra la tibieza y el orgullo espiritual.

La Vida Victoriosa Expresa el Evangelio

Estas tentaciones y peligros espirituales pueden ser evitadas mediante los medios que nos concede la gracia de Dios. Como ya lo hemos notado, éstos incluyen:

1. "Alimentarse" (leer y meditar) la Biblia: "Ocúpate en estas cosas; permanece en ellas, para que tu aprovechamiento sea manifiesto a todos" (1 Timoteo 4:15).

2. Orar con suma seriedad, incluyendo acciones de gracia, adoración, súplicas e intercesión, sabedores de que también nosotros necesitamos tales oraciones. La causa de Cristo avanza en el grado en que el pueblo de Dios la apoya con sus oraciones. Además, Dios mismo se agrada de este "incienso" que diariamente se eleva hacia él (Apocalipsis 5:8).

3. Recibir valentía espiritual, fortaleza y más profundos discernimientos de la vida conjunta de los cristianos. Los creyentes se necesitan unos a otros, se pueden apoyar recíprocamente; se pueden ayudar mediante la confesión y el perdón mútuos. El Señor quiere que cada congregación local sea un cuerpo que discierne.

4. Estar alerta ante cualquier oportunidad que se nos presente para compartir a Cristo con aquellos que todavía no lo conocen. El testificar fortalece al que da el testimonio.

5. Practicar una mayordomía o administración de sacrificio. Es decir: Dar generosamente, con-

forme a nuestros respectivos medios. No lo hagamos en absoluto pensando que es algo meritorio de nuestra parte, sino como una gozosa respuesta a la bondad de Dios y a sus favores inmerecidos.

Los Discípulos se Preocupan por Toda la Persona
Algunos creyentes bien intencionados dicen que la única razón que tenemos para llevar comida a los hambrientos, para edificar hogares para los desvalidos, para dar atención médica a los enfermos, o dirigir escuelas para los analfabetos es que así los podemos llevar a Cristo y a su salvación. Los creyentes tienen como su mayor preocupación la salvación de otros. Sin embargo, según esto, los discípulos cristianos se aprovecharían de las miserias de otros para urgirlos a que se hagan también cristianos. Suena como si lo que más nos preocupara es que la gente concurra a la iglesia.

Esto no es verdad. Los discípulos de Cristo sienten una verdadera preocupación por el bienestar integral de su prójimo. Es cristiano dar de comer al hambriento y de beber al sediento. Es cristiano reedificar las viviendas destruidas por un tornado, inundación o incendio. Es cristiano dar atención médica y medicinas a los enfermos. Es cristiano educar e instruir a los ignorantes y llevarlos a un nuevo mundo de conocimiento y de verdad.

Toda esta asistencia, naturalmente, puede ser cumplida por quienes no son discípulos cristianos. Pero estamos refiriéndonos a los que rinden tales servicios "en nombre de Cristo." Esta última frase está en el lema de la organización mundial de socorro conocida en su sigla en inglés como "MCC" (Comité Central Menonita).

Los Discípulos Son Promotores de Paz

Todos los genuinos cristianos ansían hacer lo máximo que puedan para brindar la salud y el bienestar espirituales (paz o salvación) a quienes todavía no están en el reino. El dar comida, ropa, medicinas y educación "en nombre de Cristo," con frecuencia nos ofrece también la oportunidad de compartir la buena noticia del evangelio.

Un funcionario oficial de un país que no permite la evangelización directa, le dijo una vez a un médico:

—¿No sabe usted muy bien que no se les permite hacer obra religiosa en este país?

—¿Y no sabe usted muy bien que donde hay cristianos otros tienen la tendencia a convertirse al cristianismo? —preguntó a su vez el doctor.

—Lo sé perfectamente . . . —respondió el funcionario.

Esto es todo lo que el discipulado significa: vivir y compartir a Cristo en nuestra existencia de todos los días. Es vivir bajo una nueva autoridad, bajo el señorío de Cristo.

PARA UN ESTUDIO MÁS PROFUNDO

Bunyan, Juan. *El Peregrino*. La Aurora, Buenos Aires, Argentina, 1673, 1973.
Driver, Juan. *Comunidad y Compromiso*. Ediciones Certeza, Buenos Aires, 1974.
_____ *El Espíritu Santo en la Vida de la Iglesia*. Mennonite Publishing House, Scottdale, Pennsylvania, 1978.
_____ *El Pacifismo Cristiano*. Methopress, Buenos Aires, Argentina, 1970.
_____ *Militantes Para un Mundo Nuevo*. Ediciones Evangélicas Europeas, Barcelona, España.
Erb, Paul. *El Alfa y la Omega*. La Aurora, Buenos Aires, Argentina, 1968.
_____ *La Interpretación Bíblica en la Vida de la Iglesia*. Mennonite Publishing House, Scottdale, Pennsylvania, 1978.

Lind, Millard. *Repuesta a la Guerra*. Herald Press, Scottdale, Pennsylvania y La Aurora, Buenos Aires, Argentina, 1952, 1962.

———— *Menno Simons su Vida y Escritos*. Herald Press, Scottdale, Pennsylvania, 1979.

Schipani, Daniel S. *La Angustia y la Dimensión Trascendente*.

Wenger, J. C. *Compendio de Historia y Doctrina Menonitas*. Herald Press, Scottdale, Pennsylvania y La Aurora, Buenos Aires, Argentina, 1940, 1960.

Yoder, John Howard. *Textos Escogidos de la Reforma Radical*. La Aurora, Buenos Aires, Argentina.

Distribuidos por Herald Press, Box 1245, Elkhart, Indiana 46515 USA

J. C. Wenger es profesor de teología histórica en el Seminario Bíblico Goshen, escuela del Seminario Bíblico Asociado de Elkhart, Indiana. Durante su vida ha hecho un estudio del anabautismo y publicado varios libros y folletos sobre el tema.

Se educó en Eastern Mennonite College, Goshen College, en los seminarios teológicos de Westminster y Princeton, U.S.A., y en las universidades de Basel, Suiza, Chicago, Michigan, y Zurich.

Ha enseñado en los seminarios de Eastern Mennonite y Union Biblical (India), además sirvió en la comisión de traducción de la Biblia, quien preparó la New International Bible (N.I.B.) (Nueva Biblia Internacional).

Es miembro de Evangelical Theological Society (Sociedad teológica evangélica). Ha servido en juntas editoriales de los siguientes ejemplares publicados: *Mennonite Quarterly Review, Studies in Anabaptism and Mennonite History (Estudios en Anabautismo e Historia Menonita),* y *The Encyclopedia Menonita,* además del Executive Council of the Institute of Mennonite Studies (Concilio ejecutivo del instituto de estudios menonitas).

Ha servido a los menonitas como: diácono, pastor y obispo. Ha sido miembro del Historical Committee (Comité histórico), Publication Board (Junta publicadora), Board of Education (Junta de educación), District and General Conference Executive Committees (Comité ejecutivo de distrito y conferencia general), y Presidium of the Mennonite World Conference (Presidium del congreso mundial menonita).

Casado en 1937 a Ruth D. Detweiler, son ahora padres de dos hijas y dos hijos. Su residencia es en Goshen, Indiana, Estados Unidos de Norte América.